もうひとつの私の世界 ～それから

富田喜子
TOMITA Yoshiko

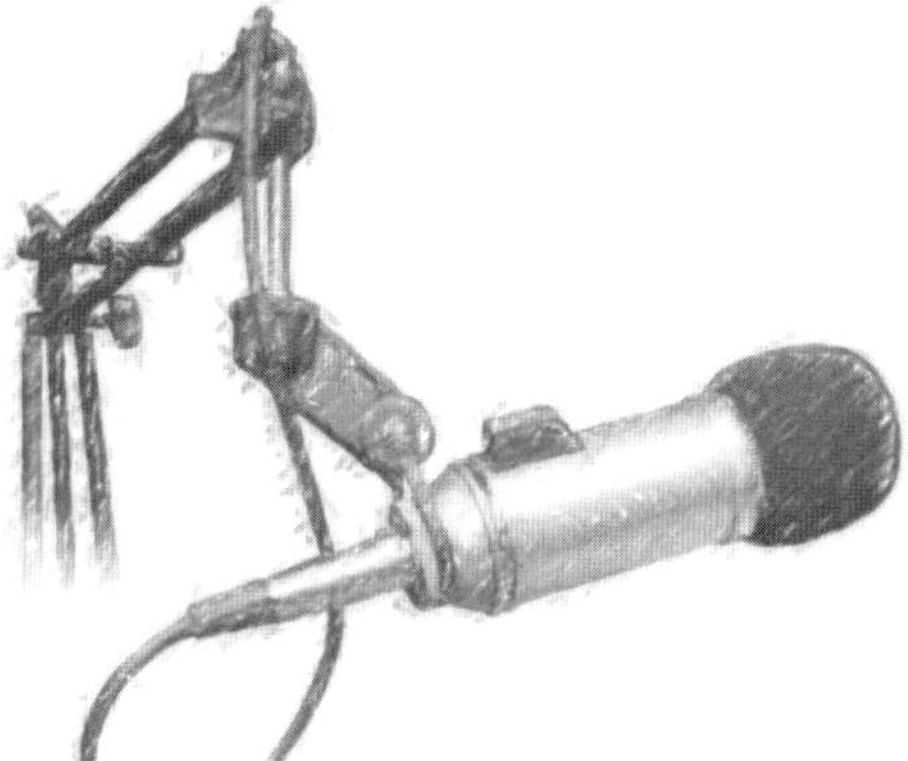

文芸社

ウクライナに思う

今日、ウクライナのハルキウで、一人のチェリストが廃墟になった街のまん中で、たった一人でバッハの曲を演奏している姿が配信されていた。

毎日目にするウクライナの惨状に心が突き動かされる。私は一体何をしているのかと。今の私に出来ることといえば、義援金を送ることくらい。はたして、こんなヌクヌクとした状態の私はそれだけでいいのかと心を苛《さいな》む。

今、この時、水も食料も薬もなにもかも断たれた状態で、どう生きていらっしゃるのかと。理不尽にも飛んできたミサイルで殺されてしまう人がいるというのに。

二十一世紀という時代に、隣国のしかも独立国を、かつては自分達の国だったからとロシアが侵略するとは、どう考えても頭がおかしいとしかいいようがない。自由のために立ち上がり、豊かな国を創り上げたウクライナという国の人々は、私達日本人のおよばないくらいの多くの苦難を乗り越えてきた方達。

私達日本人は今、隣国から侵略を受けたら、彼らのように立ち上がれますか？　と自分に問いかける。

今、私は歌を歌うことを生業としている。でも、それを仕事にして食べてゆける状況にない。私を温かく守ってくれる人のお陰で、私は歌を歌っていけている。でも、歌ってる場合かと心が叫ぶ。

毎日、胸がしめつけられる思いで、でも見ておかなければとニュースを見る。


東京の桜は満開。コロナの規制も緩和されて、お花見にくり出す人々。私は昔から桜見物をした覚えがあまりない。

幼い頃、大阪造幣局の桜の通り抜けというイベントに両親に連れられて行き、小さな私は人混みの埃まみれの中、桜も見られずなんだか苦しかったことだけが妙に記憶の中に残っている。

幼い頃あまり丈夫でなかった私は、とにかく人混みが大嫌いだった。

買い物を楽しみにしている母に連れられてデパートに行く時も、デパートに入っただけで気分が悪くなっていた。でも楽しそうな母に遠慮してずっと我慢していた。だから、デパートに行くと言われると気が滅入って、行きたくないと言えない自分を呪った。母はいやだと言わせない雰囲気をいつも漂わせていた。たぶん私だけに。私が何か話すと、その数倍母はしゃべりだした。だから私はいつも黙っていた。人がいっぱいのお花見の話からずいぶん横道にそれてしまった。お花見は静かに遠景で、散りゆく花を見るのがいい。生きるということのはかなさを思い知らされるから。

私にはやはりそれが合っている。

ウクライナのマリウポリにあるアゾフスターリ製鉄所で二カ月半にわたってロシア兵と戦ったアゾフ連隊が投降したという。ロシア軍は彼らを親ロシア派の地域へ連れ去った。彼らがどうぞ生きて帰れますよう。

ウクライナに侵攻し、いたるところで残忍きわまりないことをしているロシア軍にそれを望むのは無理なことなのかもしれないが、どうぞ国のために戦った彼らに、ちゃんとした扱いをと祈る気持ちだ。

自分のことを書こうとして、何度も立ち止まっている。書いてみても、なんてつまらない人生。そしてなんとつまらない文章。

かつて華々しく？活躍していた頃、どうしてもとうまくのせられて一冊の本を出版した。冨田良子名義で、『もうひとつの私の世界』という題名で。

それからすぐに私はその華々しい世界を退いたので、きっとその本は大量に売れ残ったことだろうと推察する。申し訳ないことだったと半世紀経った今も悔やまれる。

ウクライナの小麦農家は、出荷出来ない多くの小麦の山を前にして途方に暮れていた。マリウポリの港はロシア軍に奪われてしまい、行き先がなくなってしまったのだ。あの美しいひまわり畑のひまわりの種も山積み。

多くの国がロシアのウクライナ侵攻で、小麦の値段が上がり苦しんでいる。アフリカの国々ではウクライナから小麦が輸入できず、もう飢餓の問題がおきている。マリウポリの港からはウクライナから奪った小麦などをシリアに売っているというロシア。

何という国なんだろう、ロシアって。もし、日本がウクライナのようになったら……資源のないわが日本は、どう生きていくのだろうと行く末を案じる。

事件

あれから、もう半世紀が経とうとしている。まるで嵐のような日々が私に訪れてから。

あのころ、私はラジオの語り手で人気上昇中だった。女優としての仕事も入り、順風満帆な日々になりつつあった。ありがたいことに、マスコミや新聞社の学芸部の方達に気に入られ、新しい仕事が入るたびに新聞や雑誌に紹介された。ほんの少し有名人だった。

そして、事件はおこった。私を売りだそうとしていた男との関係がこじれた。私とおつきあいしていたその男には妻子があったが、私のために離婚した。そして結婚。無理強いされた結婚を私は秘密にしていたのだが、結局結婚解消の話はこじれ、話し合いの中、その男に刃物をつきつけられるという事件がおこった。早速マスコミにかぎつけられ大騒動に。

そして、仕事はひとつずつなくなっていった。潮が引くように私の周りから人が去って行った。地方局のアナウンサーはどうかと声をかけて下さった方もいらした。ありがたかったけれど、なぜか私の消えそうな自尊心が許さなかった。26歳だった。

新劇の役者を目指し、大学に行きながら、親には内緒で通っていた大阪の劇団。私は研究生としてあと半年を残すところだった。少しは有名になりたいと野心満々だった世間知らずの娘は甘い言葉に惹きよせられた。

男はあるマスコミの名をなのり、私に近づいてきたのだった。そして……

大学を卒業した私は、ラジオやテレビの仕事を得、ディスクジョッキーなどという当時流行した職業に身を置くこととなった。仕事は順調に増えはじめ、その男は、私の叔父というふれ込みで、マネージャーのような仕事をしていた。独身ではなく小学生の息子がいる男だった。私がもう駄目だと思った時はすでに遅く、泥沼のような状況で、男は離婚し、私に結婚を迫った。私を守ってくれた父は一年前に他界していた。

そして、マスコミを賑わすこととなった事件がおこったのだ。

私は消えてしまいたかった。二十六歳の娘には、この事件は重すぎ、自分を恥じた。

なんて馬鹿だったんだろう。有名になりたいなんて…… それは世間が決めることなのに。

愛する父が亡くなっていたことは、私には救いだった。しかし、私を育てた母は、きっとやっぱりお前もか……と思っていただろう。父にいつも言っていたように、あんたの娘達はみんなろくでもないと。

そう、私もろくでなしだった。

地獄のような日々。いつも身の危険を感じつつ、その男から身を隠し生きた。男は親類のところにまで乗り込んできたりもした。でも、私はなんとか自分で生きる道を探し始めた。いつまでも、親類の好意に甘えているわけにはいかない。

テレビの番組にも出ていた私は、少しは顔も売れていたので、仕事を探すのは難しかった。毎日、新聞の求人欄を見て暮らしたけれど、一歩を踏み出すのはなかなかだった。

ちょうど東京にいる私の実母が訪ねてきた時、ふと見つけた貸店舗。私はそこで小さな喫茶店を開くことにした。資金は亡くなった父の遺産で。

豊かではなかったけれど、学生街にある小さな喫茶店は、私を支えて下さった方達の力で、レンガ造りのなかなか洒落た喫茶店になった。学生達に人気のカフェになっていった。

四年の歳月が、流れていった。

私を愛して

今朝も重い体をおこす。午前十時〇三分。いつの間にかこれがおきまりの時間になってしまった。あんなに時間に追われる仕事をしていたのに、いつ起きてもかまわないし、誰もとがめるわけじゃない。でも起き上がらなければ何も始まらない。私の時間は止まったまま。

ようやく上がった雨のあとの日差しは心を溶かすようだ。カーテンの隙間からこぼれる春の日差し。久しぶりにお湯を沸かして朝食をとってみる。昨夜の残りのおみおつけにご飯を入れて、即席おじや。

人には何も考えない空白の時間がなんとこま切れにあることか。そして、考えたくもないのに突然ふってわいてくる思いのなんと多いことか。

どこかへ出かけてみたい。今日はそんな思いにかられる。彼はもう起きているだろうか。私の彼、けれど何て遠いのだろう。男と女。近づいても近づいても。どんなに愛しあっても埋めつくせないものは一体何？

そして、この私は一体何？

そして、あなたは一体誰？

久しぶりに京都に出かけよう。近鉄線を鶴橋駅で乗り換え、オレンジ色の環状線に乗り大阪駅へ向かう。ドアの側に立って外をながめるのが好きだ。何回も何十回も見てるはずのこの大阪の街がいつも違って見えるのは、いつも違う自分がそこにいるからだろうか。

駅は相変わらず、人、人、人。自分を見失ってしまいそうな雑踏。

京都方面、七・八番線ホーム。ブルーライナーとかいう通勤特急は十五分ごとに出ているが、ちょうどホームから出たところ。私は隣のホームにとまっていた快速米原《まいばら》行きに乗り込む。

大阪から四十分あまり、乗るたびに沿線の田んぼは少なくなって宅地に変貌しつつある。確かに見覚えのあった竹藪《たけやぶ》が団地に、建売住宅に。いつしか山もなくなってしまうのだろうか。

電車を降りると肌に触れる風は冷たい。まだ春浅く、とくに京の冬の底冷えする寒さは定評があるけれど、ここでは春の訪れもゆっくりなのだろうか。

駅はやはり人混み。だけど違う街にいるということは、私に少しばかり安心感を与える。駅前から、ちょうどやってきた銀閣寺行きのバスに乗る。賑やかな通りをぬけて、白川《しらかわ》通《どおり》。京は街をほんの少し出ただけで、ほっとする雰囲気がある。どこも皆静かに佇んでいる。それが長い間この日本の中心で歴史を支え生きてきた重さなのだろうか。

突然、私は法然院《ほうねんいん》に行ってみたくなった。というよりバスの窓から発見した新しい茶店、赤レンガと茶色の木の組みあわさったトーン、スペイン風の洒落たお店に行ってみたくなった。ゆきずりの喫茶店に入る時一種のときめきを覚えるが、入ってみて失望することの方が多いのに、私はいつもこの衝動には素直に従う。店の名はSANTE IBEE。何て意味ですか？ と聞きたい気持ちをおさえて、コーヒーとトーストを注文。椅子とテーブルはロココ調。こんな時私はタバコをふかしてみたくなる。タバコを口にして、火をつけて、一息すって煙が自分の周りを包むまでの一瞬が私は好きだ、好きでもないタバコを吸うのはその一瞬のためかもしれない。

さて、コーヒー、三百円、トースト、二百円也。

喫茶店を出ると、また雨が降りだしそう。湿ったままの坂道を法然院に向かう。鹿ヶ谷《ししがたに》法然院。確か何度か訪れたはずなのに、見知らぬ道を歩いているみたい。あたりに人はいない。こんなことってめずらしい。雨のせいか、それともまだ観光シーズンではないからか。しかし最近の京はどこも大混雑だ。いいのか悪いのか、雨が降るか降らないか、急がなければ。今朝確かに傘を持って出たはずなのに、いつの間にか私の手許から消えていた。どこに置き忘れたのかいっこうに思い出せない。お気に入りの傘だったのに……

まだぬれた緑、ようやく芽吹いた緑。何もかも、私の姿も、足音さえもどこかに吸いこまれてゆくようなそんな感じがする。私は本当に生きているのだろうか……

小鳩のような鳥が木々の枝を縫って飛んでゆく。

そういえば、私はあなたと京を訪れたことがない。

私はあなたを愛している、あなたは私を愛している。そうなの？

言葉は何故虚しいのだろう。確かなものってないのだろうか。こうして木々の幹が何十年も何百年もしっかりと土中に根をはって生きているように。

時々、静寂を破るのは鳥の鳴き声と甲高い女の笑い声。

あなたに抱かれていると私は思う。幸せってわからないけれど、きっとこんな時をいうのだろうと、私のそばにいるあなたを感じる。脈うつあなたの胸。からまったあなたの腕。

愛している、愛している、私は私の中でつぶやいてみる何度も何度も。繰り返し、繰り返し、だけど時は過ぎてゆく。溶けてゆく。流れてゆく。誰も見ることは出来ない。

人はなぜ歓びの時を忘れてしまうのだろう。苦しみ、裏切り、いわれなき攻撃、哀しみなど自分が傷ついたことは決して忘れやしないのに……

雨がまた降り始めた。もし、すべてが夢のようにきれいに消え去ってくれるものなら……

あんたの娘達はみんなろくでなしばかり、よくもまあ揃いも揃って、一番上は父親の違う子供を産んで、二番目はわざわざ妻子ある男と外国へまで逃げて一緒になったと思ったら、別れる別れないとすったもんだ、三番目のあの子だけはまともやと思っていたのに……。

私は何度聞かされただろう。私を育てた母が父に向かって投げていたこの言葉を。そしていつも黙したままだった父の姿が目に焼きついている。

露骨な母の話しぶりを嫌悪し、自分と血の繋がった姉達の行状を私は軽蔑した。しかし、その言葉を聞くたびにまるで暗示にかかったように、今にきっと私も何かしでかすのだという思いにとらわれはじめた。そして、それはますます確信をもって私の中に住みつき広がりはじめつつあった。同時に、私だけは決してそんなことにはならないと自分に言いきかせていた。

運命、そうなのだろうか。何か目に見えない力が、私をからんだ糸の中に巻き込んでゆく。私は自分を過信していた。そしてどんどん自分自身を見失っていった。

愛、もし愛と呼べるなら、そんなものが私の中になくて、ただ抱かれた時の体を引き裂くような憤りと哀しみを、あなたは知っているだろうか。

寒い。とても。急に心が冷えて、凍えてしまいそうな時がある。

ふと見つけたアザ。もう何年も前のこと、あなたの腕についていたアザ。それが急に目の前に今見たような錯覚を覚えるほど鮮やかに、私の中に甦った。なぜなんだろう。忘れていなかった記憶。誰がつけたアザ？　あなたが愛した女？　違うそんなはずはない。きっと違うと私の中で繰り返される葛藤。

信じる、何を信じるのだろう。だけど、私が一体あなたに何を言えるというのだろう。

やめて！　私を見るのは。私を愛するなんて言わないで！　私を愛などと呼ばないで。私は私を愛せない。私を取り囲む暗い世界が、私を呼びもどす。

冷たい雨が頬をぬらしてゆく、こうして何年かが流れていった。一体何年経ってしまったのだろう。

まだ乾ききらない石段に新しい雨が跡を残してゆく。急がなくては、私は傘を持っていない。ぬれて歩く雨ではなさそうだ。この石段は見覚えがある。暗い石段。

坂を降りたところで車を拾う。四条河原町へ。雨脚が強くなってきた。男が女を抱く。あなたにとっては、ふと訪れた女の一人だったのかもしれない。あー、あなたはやっぱり私の知らない男。私の知らない男のあなたが抱く女。あなたが抱く私の知らない女。私を抱くあなた、時々あなたは誰なの。時々あなたは私の知らない男。

なぜ、なぜ、なぜ……

車は賑やかな街に戻ってきた。ほんの短い時しか過ごしていないのに、もう夕闇がまわりを包みはじめている。雨のせいなのか。車を降りてもうこの雑踏から逃れようと思う。誰も待つ人もいないあの部屋へ帰ろう。人は皆、ほんとうに帰るところなど持っていないのかもしれない。けれど闇が迫ってくると帰るべきところへ。誰かが待っている。そして、私は、私を誰かが待っていただろうか。私はいつも他人、いつも旅人。誰も拒みはしないけれど誰も私を待ちはしない。

ラッシュが始まる時間なのに、まだ大学が休みに入っているからだろうか、簡単に席に着くことが出来た。座ると深い疲労が私を襲ってきた。少し空腹感もある。雑炊とトースト以外何も口にしていなかった。疲れる。まだ、二十代だというのに、何をしても最近は激しい疲れを覚える。電車が動きはじめた。その振動は私を心地よい眠りに誘いこんでいった。

私の中に闇が広がりはじめたのはいつ頃だったのか。それはもう幼い頃から私の中に住みついていたような気がする。そして成長するにつれて、その闇は私の中で恐ろしい勢いで広がりつつあった。いつでも、私の中から、這い出る機会を窺っていた。そう、それを私は確かに予感していた。そんな気がする。

電車は十三《じゅうそう》を過ぎて、梅田に着くようだ。雨にぬれた窓から色とりどりのネオンサインが光る。しずくが美しい、とても静かだ。このまま目覚めずに時を過ごせたらと思う。私の知らない間にすべての人が生き、苦しみ、あるいは喜び、または傷つき、死。目覚めた時は、すべての哀しみが去って、私を囲む人達もみんな消え去って……

ここは大阪。

だけどなんて重いのだろう。この頃、息がつまりそう。私の体を何かが蝕んでいるのだろうか。私が生きていることを嘲笑するかのように。

確かなもの。それはこうして電車に揺られ、生きてる私。

暗い道を私は歩く。今朝あんなに春だと思わせておいて、この寒さはどうだろう。コートを持って出なかったことが悔やまれる。寒さを我慢するのは、何故かとてもみじめな気持ちになってしまう。愛する人がそばにいない限り。

愛する人、私の愛する人、愛、愛、愛。

私を愛して、ほんとうに……

心の闇

私の部屋、暗い部屋、時々私は叫び声をあげたくなる。この部屋のドアをあけた時。それは、まさしくそこに生きてる私がいるから。何も求めなくても確かに明日はやってくる。今日の続きの明日。だのに流れてゆく時はなんて果てしないのだろう。ときどきすべてを押し流してしまう。でもほんとに明日がやってくるのだろうか。この暗い部屋にも。誰もいない部屋。ずっと昔から誰もいない。誰も私を待ちはしなかった。でも私は待ち続ける。やっぱり明日もこうして。闇から逃れるために。

みんな通り過ぎてゆく。時々肩が触れあっても、時々心が触れあっても、ときどき涙を流しあっても、それでもみんな通り過ぎてゆく。誰も立ち止まりはしない。時々ふり返りはしても。

私は眠りが欲しい。深い静かな眠りが……

私を待っていたのは、テーブルの上に置かれたマーガレット。花は生き続けない。いくら新しい花にかえても。だから美しいのかもしれない。美しいのはほんの一瞬。

あれは夢だったのかもしれない。悪い夢だったのかも。深い闇が私を待ちうけていて、私はその網にがんじがらめにされて、あの暗い世界に引き込まれていった。私が嫌悪するあの暗い闇の世界へ。

外は闇。家々のあかりももうついていない。人が入ってゆく闇の世界。

目をとじるのが恐ろしい、なぜかもう二度とあの闇の世界からもどってこられない、そんな気がして。あれは風の音だろうか。窓をふるわせているのは。木枯らしの季節でもないのに、私がこうして目を覚ましているのを誰かが見ているのか……。

いっしょに死んでもいいと言ってくれたヒトがいた。あの騒然とした嵐の中。でも、私が求めていたのはその人ではなかった。サガンの小説のようにはうまくいかないもんだなと、彼は言った。申し訳なかったけれど、もう二度と自分に嘘はつかないと。

私はただ黙って、冷めた心で彼の言葉を聞いていた。あなたじゃないと。

あなたは今何をしているのだろうか？　私の愛する人。不確かに揺れ動く人の心。揺れ動いている人々。決していつも同じではない。変わらないものってあるのだろうか。私も、そして私の心も、明日は果たして今日と同じなのかわかりはしない。明日のことなど誰にもわかりゃしない。うつろう心。何を信じて生きてゆくの？　あなたにはあなたの人生、そして、私の人生。なのにふとあなたの愛を垣間見た時、私の心は揺れる。激しく揺れ動く。

期待しない方がいいとある人が言った。そう期待しない方がいいに決まっている。でもほんとうの私はいつも期待しすぎている。そして耐え切れずに疲れ果て、虚しさだけ、私の中に残して。

愛する人、私の愛する人。私はもう私の中のものを殺して生きることなんて出来ない。私は美しくない。私は一体何者。時々私を美しいという人達。いいえ私は美しくなんかない。いつか自分を美しいと思える時がくるのだろうか。素晴らしいあなた。あなたは私を美しいと思う時があるのだろうか？　この私が美しいと。私は嫌悪している。この私の体、私の顔、私の姿、私は私を許せない。私の中に流れている血。私の中で蠢いている闇。

あー、私を愛して、私を砕いてしまうよう。私を愛してほんとうに！

午前一時五十八分。あなたはもう眠りについてしまったの？　今、どんな風にして、何を考えて、誰のことを思って……

眠れぬまま、ムスタキを聴いてみる。あの激しく生き愛したエディット・ピアフ。彼女でさえ、愛しぬけなかったムスタキ。彼女の手許にとどまらなかった男。でもきっとムスタキの方が愛の哀しみを知っていたのじゃないのかと思ってみたりする。ピアフは熱狂的に自分なりの激しさで一途に男を愛したけれど、そして愛に傷ついてはいただろうけれど、ムスタキの方がきっと、人間を、夢を、孤独を深く理解していたのではないだろうか。そんな気がする。

だけど何て哀しいのだろう。私の心を動かすのはマイナーの曲ばかり。

本当に泣いているのじゃない、君は哀しみに包まれているのが好きなだけじゃないの？　と、私と死んでもいいと言ってくれた彼が言った。あなたにそんなことが言えるの？　哀しみを知りもしないで。

だけど一体何が哀しみなんだろう。何故こんなに涙が溢れるのだろう。急に胸がしめつけられて……

明日のことを思うのはよそう、誰にもわからない明日のことなんて。だから、今、今この時。

生い立ち

四年の歳月が流れ、私は離婚訴訟と、娘の戸籍のためと、二度家庭裁判所とお付き合いすることになった。

晴れて娘の父親だった高校の同級生の彼と新しい生活が始まった時、私は三十歳になっていた。

その同級生の彼との生活も、彼と同居していた腹違いの姉との確執、仕事上の借金などなど、ざわざわとした三十代は、娘の成長をじっくり見ることもなく、あわただしく過ぎていった。義理の姉は理不尽な女だったけれど、ガンが見つかってから六カ月でこの世を去った。そして同級生だった夫はその後すぐ、くも膜下出血で、二年半の闘病の後、逝ってしまった。娘は高校三年生になっていた。

救われるのは、自らの力で道を切り開いていった娘が、今、世界を相手に仕事をしていること。

そして私は。

もう一つずっと私がかかえていたこと。それは私の生まれ。確かに戸籍は父と母の実子として入籍されている。生まれてからずい分と経ってから。

父は素敵な男だった。私を育てた母（後妻）を幾度となく嫉妬させるほど、女にもてた。

育てた母は実母ではなく、育ての母。父だと思っていた人は祖父だった。そして私の本当の母は……

それは思いもよらない形で私に知らされた。祖父というか父が亡くなり、遺産相続問題がおこった時だった。祖父には四人の子供がいた。一番下がたった一人の男子。私は祖父の長女の娘として誕生していた。その長女（実母）は宝塚歌劇団から東宝の女優、そして東宝所属のカメラマンと結婚し一男をもうけていた。その後、戦争の悪化で彼は戦地へ。そして戦後戦死の報せが入ったという。彼女は一人息子を連れ再婚し、私が生まれた。しかし、その直後に戦死したはずの元夫が生還した。

その時、祖父からは、母に国のために戦ってきた彼の元へ戻るようにと促され、元夫のもとへもどったという。そして生還したその夫にはやはり私は受け入れ難く、私はどこかの施設に預けられるところだったらしい。でも祖母が、彼女は自分の子供はいなかったので、私を実子として育てるということになり、私は晴れて祖父母の籍に入り、生母とは姉妹の関係になってしまった。

祖父の後妻となった祖母に育てられることになった私は、まるで人形をかわいがるように大事に育てられた。そして祖母自慢の娘となっていった。日本人ばなれした顔は幼い頃から人目を惹いてよく振り返られた。足も速かったし、負けず嫌いだった私は、勉強もそこそこ出来たのでますます母は鼻を高くし、誰にでも自分の娘を自慢した。そして私は、そんな母を嫌悪し、どんどん無口になっていった。

私の生母とあまり歳が違わなかった祖母は祖父と二十あまりも年の差があり、夫婦関係は最悪だった。ヒステリー気味で酒癖の悪い祖母は、何かというと祖父を罵倒した。あんたの子供達の面倒を見てやったのにと……。

祖父は一番下の息子が生まれてすぐ妻を心臓病で亡くしていた。戦争が激しくなって、祖父は仕事で満州（中国東北部）に行っていた。その間に知り合っていた祖母が祖父の下

子供の頃

の二人の子供を育てていた。勝手に祖父のところに入ってきたのだと上の姉達は言っていたが、祖母は花柳界出身の人だった。しかし、戦争で食料も不足しがちの毎日を支えたのは確かに祖母だった。

戦後、祖父は一代で、大阪ではそこそこ名のある鉄工所を経営するまでになっていった。あまり教養のなかった祖母とのギャップが深まるばかりで、そのイラ立ちを祖母は何かとことあるたびに、育てた子供達のことを恩着せがましく言って、祖父をののしった。

そして、私。実子として育てられたのになぜか母とは相容れなかった。育てられていくなか、私の中で違和感がどんどんふくらんでいった。この人は私の母ではないと。

周りの人達はみんな知っていたのに、誰もそんなそぶりを少しも見せなかったけれど、それは、まさに私だけが知らない事実だった。

そして祖父の死と共に訪れた相続問題で、事実が私につきつけられた。それも叔母という立場の人物から。実母は戸籍上の一番上の姉だと聞かされた時、私はうろたえた。母は違うと思って生きてきたけれど、父のことは父だと信じ続けていたから。確かに父である祖父は生母の父だったのだから、孫の私は似ているわけだ。まさか、父が祖父で、母は姉で、私の本当の父はどこかで生きている。私は二十二歳だった。マスコミの仕事をして、一年あまり経った時だった。私の事件を知らずに亡くなった父は、馬鹿な娘の姿を見ずに本当に良かったと思う。どんな時も私を愛しんでくれた父（祖父）。哀しみに暮れる日々に押しよせてきた衝撃の事実に私は茫然とした。

幼い頃から私を苦しめてきた大きな闇の正体はこれだった。きっと。

そして、私を育てた母（祖母）が言った。あんたなんか育てなければよかった。施設に入れておけばよかったと。

相続問題で荒れ狂った我が家は、自宅などの資産を売り、祖母と祖父の子供達で分配することになった時、私が母（祖母）の意向にそむいたので、母（祖母）は私に激怒したのだ。

なんて哀しい言葉。あなたは自分のために私を育てたのですか？　自分の先行きを考え私を娘として育てることにしただけのことですか？　私はこんな言葉をもう一度実母に言われた。あんたなんか可愛いと思ったことはないと。確かにあなたに育てられたわけではなく、私だって、あなたを母だと思ったことはないと、その時は言ったけれど……なんて、ひどい言葉。私の中の闇をつくり出した張本人だというのに。

でも、もうそんなことはどうだっていい。心に刻み込まれた傷痕は深いけれど……。

もう、私の周りには、当事者は誰もいない。私を傷つけた二人の母もすでに逝ってしまった。

実父は結局わからないまま、生母も私には何も告げなかった。

どこかにいるだろう私の本当の父の家族。でも、私にとって、父は私を育てた祖父。私の父は私の愛しい父は祖父。それでいい。

そして今

こうして時が流れて、今、私は七十六歳。

八十六歳になる今の夫は彼もかつては有名人。知性豊かな素晴らしい人。出逢ってから二十二年の時が流れた。私は彼と初めて、本当に男性と向きあって過ごすという日々を知った。男性というより人間として濃密な日々を過ごすことになった。気難しい人だけれど、歌う私を誇りに思ってくれている。

深く漂っていた私の心は、この二十二年の間に、彼のお陰でいつの間にか静かな凪が訪れていた。そして、私の中の闇は静かに今は眠っている。

残りの人生を生きている私達に、あとどのくらいの時が残されているのかわからないが、少しでも長くこの時を過ごせたらと願っている。

初めて父以外に尊敬出来る男性と巡り合ったのは、父からの私への贈り物だったのかもしれない。ふとそんな気がした。

私が叫んだ「私を愛してほんとうに！」を体現してくれた人。誰も待たなかった私を、待ってくれた人。

私達に残された時間は、あとどのくらい？

長い時をかけて辿りついたこのかけがえのない時が少しでも長く続きますように。

あんなに元気だった夫が老いてゆく姿をまのあたりにして、私はうろたえている。もちろん自分の老いもそうだが、やはり十歳の差は厳然としてある。

どうぞ、今日もおいしく食事が出来ますように。

どうぞ、この大事な時がもっと長く続きますように。


まだ五月だというのに三十度を超えた東京。この先はどう？　残りの人生はどう？

先のことは誰もわからないけれど、ここまで生きたという事実はある。

そして、今私には歌うという仕事がある。それは生母が私に残した遺産かもしれない。

私を可愛くないと言った憎いヤツだけれど、確かにその血は私に受け継がれている。

歌うことは幼い頃から大好きだった。引っ込み思案だった私を唯一大胆にさせた。祖父も私を歌わせようと集まりがあるたび、良子歌えと言って、多くの人の前で私に歌を歌わせた。祖父にとっても少し自慢出来ることだったのだろう。

そして今は富田喜子という名で歌っている。それはかつての私ではないから……

この二十二年、歌うことは、私の人生を支えてくれたと思う。

ふと出かけたカルチャースクールのシャンソン教室、そこからプロの歌手になるのに時間はかからなかった。私は幼い頃から声楽の先生にピアノと声楽を学んでいたので、とんとん拍子で、ありがたいことだ。

もちろんマスコミの仕事をした若い頃も、司会をして歌を歌うという仕事もいただいていた。

今、また華やかなスポットライトを浴びて歌う私。

何のために歌うのかと自分に問う。私は、私の中の心の震え、心の叫び、私の中から溢れ出てくる物につき動かされて歌

フェスティバル ドゥ シャンソン2022・プリスリーズ
（東京国際フォーラム）

う。

言葉に命を吹き込む。何かを感じて頂くために私は歌う。声が出て、歌詞を忘れて歌えなくなるまで。あと何年、歌だっていつまで歌えるかわからないけれど……

愛する歌達

私が歌詞を考えた曲ももう何十曲かになっている。そんな愛する歌達は、私がいなくなると消え去ってしまうだろう。

何かの形で、残す物もあっていいかも……

すべてのことに何の執着もない私が、ふと思う。そんな気持ちで何曲かの歌詞を書いてみた。もし、人様の目に触れることがあり、気に入って、私の詩で歌ってみたいと思われる方がいれば、幸せかなあと思う。

愛しかない時（Brel Jacques Romain G）

たとえ遠く離れていても　忘れはしない
あなたのこと
疲れ果てて食べ物もなく、虚ろな目で
佇んでいる
今日もまた、どこかの街で飢えと寒さに
死にゆく子がいる
何のためにあなたは生まれたの
ただ一かけらのパンも口に出来ずに
人は誰も
愛するために、愛されるために
生まれてきたのに

たとえ遠く離れていても、忘れはしない
あなたのこと
私は今、暖かい部屋で家族に囲まれ
暮らしている
でも、どこかの国で、今日もまた
戦いの中で死にゆく人がいる
あなたにも、愛する人がいる
それなのになぜ、殺し合うのか
人は誰も
愛するために、愛されるために生まれてきたのに
愛しかない　今　私達に
出来ることは　愛し合って生きること！

アルフォンシーナと海（Ramirez Ariel）

波が打ちよせる白い砂浜、あなたの小さな足跡
深い哀しみを抱いてひとり辿りついた
海の底
ただ黙ってあなたは海の泡の中に
消えていった

アルフォンシーナ　あなたの哀しみを
誰も知らない
あなたの魂の叫びを聞きつけた
破滅と誘惑の歌
海の底からホラ貝達の歌声が

甘くささやく

ここなら古い痛みも哀しみも
みんな消えてしまうと
風と潮の遠い昔の声が
あなたの魂にこだました
導かれるように　あなたはその声に従った
ここなら古い痛みも哀しみも
みんな消えてしまうと

「ねえ、ばあや、私のために明かりを
もう少し暗くして
もし、彼が呼んでも、私がいると言わないで
彼に言って。アルフォンシーナは

もう戻らないと
彼に言って、私は行ってしまったと

まるで夢の中にいるように
アルフォンシーナを連れてゆく人魚達
海藻とサンゴの小径《こみち》を
もう二度ともどれはしないその小径を
アルフォンシーナ　あなたは行く

美しい魚達の群れ、そこはまるで夢の中
ここなら古い痛みも哀しみも
みんな消えてしまう
導かれるように　あなたはその声に従った

次はどんな歌を書くはずだったの
アルフォンシーナ　あなたに聞きたかった
でも、もう心配しないでお眠りなさい
きっと、そこなら
古い痛みも哀しみもみんな消えてしまう！

SOLIDAO　～孤独～

(Trindade Francisco Ferrer / Brito Joaquim Frederico De)

今日もまた　哀しみが私をとりまいている
哀しみ　それはいつも　私を苦しめる
帰らないあなた
閉ざされた心で
今日もまた、あなたを待つの
届かない私の愛　哀しい愛
あなたへの愛　私を苦しめる

誰も知らない　深い海のように
光もなく、音もなく

哀しみだけ漂っている
哀しい愛　あなたへの愛
残されるのは　孤独な私

EL TRISTE　～悲しみ～（Roberto Cantoral García）

悲しみ　それはあなた
鳥が飛び立つように　風のように去っていった
君はもういない
君がいないと　すべてが虚しい
海の色さえも　灰色にみえてしまう

いつまた君に会えるのだろうか
君なしの人生は　僕にはあり得ない
君のいない寂しさは　僕の胸をしめつける
この愛の物語は　永遠のはずだった

悲しみ　それはあなた
君へのこの愛が　僕を生かしている
この愛、変わらぬこの思いは
永遠の愛の物語

いつまた君に会えるのだろうか
君なしの人生は僕にはあり得ない
悲しみ　それはあなた
君へのこの愛が　僕を生かしている
この愛、変わらぬこの思いは
永遠の愛の物語
永遠の愛の物語

通り過ぎてゆく男達（Bernheim Francois Pierre Camille）

私はママ　一人で便りを読んでいる
男達が出かけた旅先からの手紙
いつもみんな楽しそうに話している
旅のこと　でも、そこには私の姿はないの
誰もみんな　私の前を通り過ぎる
私のことなど　気にもかけないで

私はママ　一人でこの部屋に暮らしている
男達が残していった愛の思い出と共に
あなただけは　私のこと本当に愛してくれると
でも、それも今は虚しい願い

この部屋で私　いつもあなたを待っている
あなたがただ通り過ぎてゆく男でも
いつか二人で　一緒に暮らせる日がくること
ただそれだけが　私の願い

誰もみんな私の前を通り過ぎてゆく
私のことなんか　誰も気にもかけないで
あなただけは　私のこと本当に愛してくれると思っていた
でも、それも今は虚しい願い

この部屋で私　いつもあなたを待っている
あなたがただ通り過ぎてゆく男でも……

フラジャイル～はかない命～（STING）

まもなく　私も　あなたのそばへ
行くだろう
突然奪われた　幸せで平和な私達の日々
まるで虫けらのように殺され
ただ黙って　死んでゆく
でも　こんなことが
いつまでも　続くはずがない

あなたが泣き　私が泣く
空も泣き　天も泣く
あなたが泣き　私が泣く

はかない命　はかない命

私達の命とひきかえに
こんな愚かなことを終わらせることが
出来るのなら……
降りだしたこの雨は
流された私達の血を
きれいに洗い流してくれるだろう
力ずくで奪えるものなど
決してありはしない

あなたが泣き　私が泣く
空も泣き　天も泣く
あなたが泣き　私が泣く

はかない命　はかない命

忘却の小舟（Ramos Dino）

青い海の彼方に漂う
小さな舟よ
ゆらめくかげろうのように

深い海の底を　さまよう
難破船のように
沈みゆく　小さな舟よ

荒れ狂う波に揺られ
小さな舟はどこへ行く
どうぞ　行かないで

連れてっておくれ

この命　燃えつきて
小さな舟と私
どこまでも波にゆられて
さまよい続ける

やがて哀しみも燃えつきて
どこまでも　果てしなく漂う
静かな海の上を

いつか恋の苦しみも　消えてゆく
さざめく波に　のみ込まれ
遠く聞こえるあの声も

荒れ狂う波に揺られ
小さな舟は　どこへゆく
どうぞ　行かないで　連れてっておくれ

この命　燃えつきて
小さな舟と私
どこまでも　波にゆられて
さまよい続ける

Si Tu Me Amas　～君が愛してくれるなら～

(Josef Larossi　Andreas Romdhane　James Reid)

こうして時は流れてゆく
人々は立ち去ってゆく
こんなに溢れる思いがあるのに何故
うまく伝えられないのだろう

この思い　受け止めてくれる人がいたら
きっと私はこの世界から旅立てる

この思い　どう伝えればいいのだろう
私の中の溢れ出る思いを

あの頃のことが走馬灯のように甦り
過ぎ去った日々が心をふるわせる

～間奏～

あの頃のことが走馬灯のように甦り
心をふるわせる

この思いを受けとめてくれる人がいたら
きっと私はこの世界から旅立てる
きっと私は明日から旅立てる

NANTES　～ナント～（Barbara / Serf Monuque Andre）

ナントの街に雨が降る　ナントの雨は　哀しみの雨

突然の知らせだった父危篤
私は急いでナントに旅立った
駅についた時　街は青白く光っていた
一年前のナントの街
そこは私にはただの見知らぬ街でしかなかった

何年もの間　父はいなかった
でも私はいつも父を求めていた　私を愛してくれた父を
いつも父の帰りを待っていた

私だけの父の帰りを
私が父のそばに着いた時　父はもう何もいわなかった
遅すぎたのだ
父はもう二度と私の顔を見ることは出来ない
私が待ち続けた父が黙って目を閉じて
ここにいる
私の愛した父が
黙って……

長い旅の果てに　父はある晩もどってきた　このナントの街に
父の最後の旅　そして私に救いを求めた父
でもすべてが遅かった　父は逝ってしまった
Je t'aime も adieu も言わずに

たった一人で　逝ってしまった　このナントの街で
どうぞ神様　父を安らかに眠らせて下さい　美しいバラの花に包まれた　愛する父を
ナントの街に雨が降る　ナントの雨は　哀しみの雨

LA SOLITUDE (Barbara)

ある日　夜更けに
私が帰ると
別れたアイツがドアの前に立っていた
ちゃんと　アイツは
かぎつけていた
この恋が　もう終わるのを

アイツが私をじっと見ている
いつものあの冷たい面差しで
アイツのそばで苦しんだ日々を
やっと今は忘れられたのに

会いたくないの　お願い　こないで　私のそばに
もう苦しみたくないの　もう不幸せはいや　愛しているの
あの人をただひたすらに

それでも　アイツは冷たく囁いた
お前は俺と離れられない
愛なんてみんな　道化芝居
お前もそれがわかってるはずだ

～間奏～

あれから私はアイツのそばにいる
冷たい腕にいつも抱かれて

孤独という名の憎いアイツ
今日も冷たく　笑っているわ
私の　La Solitude!

Pardonne-moi ce caprice price d'en font ～気まぐれを許して～
（Patricia Carli）

パルドンネモワ
許して　お願い許して
あなたなしで生きられない
気まぐれを許して
お願い許して
私のところへ戻ってきて

いつも愛してるといわれた私なのに
ふと虚しくなって
別の愛を捜してみたの

気まぐれを許して
お願い許して
私のところへ戻ってきて
パルドンネモワ
許して　お願い許して
あなたなしで生きられない

喜び　苦しみ　そしてパッション
今を生きる
それが大事なの
だから今　はっきりわかるの
あなたなしで生きられない

パルドンネモワ
許して　お願い許して
あなたなしで生きられない
パルドンネモワ
許して　お願い許して
あなたなしで生きられない

Ａｂｒａｚａｍｅ～抱きしめて～（Ferro Garcia Rafael)

抱きしめて
何もいわずに
抱きしめて
初めて会った頃のように
私を抱きしめて
抱きしめて
あの頃のように　あなたの　熱いその胸に
私を抱きしめて

あなたは私のことなど忘れて
他の誰かを愛してる

私はまるで
迷い子のように
あなたを求めて　さまよい歩くの
あなたがいなければ私の人生は
もうおしまいなの

抱きしめて
何もいわずに私を見つめて
抱きしめて
あの頃のように　あなたの　熱いその胸に
私を抱きしめて

〜間奏〜

あなたは私のことなど忘れて
他の誰かを愛してる
私はまるで
迷い子のように
あなたを求めて　さまよい歩くの
あなたがいなければ
私の人生はもう
おしまいなの

あとがき

ざっと、私の人生の集約。もっともっと心を騒がせた出来事はあったけれど、過ぎ去ってみれば、もうすべてはほとんど私の心の中から流れ出ていった。

でも、今思う。あの若い頃の出来事。私と出会っていなかったら、彼と彼の家族は幸せに暮らしていたかもしれないと。それはそれぞれの人生が交《まじ》わってしまった不思議な出来事でもある。私は私の中の闇を克服するために、どうしても避けることが出来ないことだったような気もする。

激しく揺れ動いた日々は、今、とても静かだ。愛される幸せを、私を育てた祖父のように感じさせてくれるかけがえのない今の夫。

神様が人生の後半に出会わせて下さったこの人に、今は言葉でいい表せないほど、感謝している。二人で、もう少し、かけがえのない日々を。元気で過ごせますように！

今日、ニュースでウクライナ東部はほとんどロシアの手に落ちたと放送していた。ウクライナから遠く離れたこの国へ逃れてきた人がおよそ千人にのぼる。日本はもっと彼らに手厚い支援をと願う。

そして、私は今日も自分に問いかける。こうしていていいのか？　私に出来ることは？と。

著者プロフィール

富田 喜子（とみた よしこ）

大阪府立住吉高等学校卒
帝塚山大学教養学部卒
大学在学中関西芸術座で演劇を学ぶ
卒業後アナウンサーとして民放各局で働く
NHKドラマ「明智探偵事務所」で女優デビュー
結婚により活動休止、エッセイ集『もうひとつの私の世界』を大和書房から出版
1999年シャンソニエのオーディションに受かり歌手デビュー
2008年CD「Enchanté」、2014年「Je vous aime」発売

もうひとつの私の世界 ～それから

2023年 6 月15日　初版第 1 刷発行

著　者　富田 喜子
発行者　瓜谷 綱延
発行所　株式会社文芸社
〒160-0022　東京都新宿区新宿1－10－1
電話　03-5369-3060（代表）
03-5369-2299（販売）

印刷所　図書印刷株式会社

ISBN978-4-286-24243-9